AF233544

<table>
<tr><td>

RÉCRÉATIONS INSTRUCTIVES.

CAMPAGNE
D'UN BALEINIER

AUTOUR DU MONDE.

Croquis et notes d'un officier du bord.

PAR

</td><td>

INSTRUCTIVE RECREATIONS.

A TRIP
ROUND THE WORLD

ON BOARD OF A WHALE SHIP.

Sketches and notes by one of the officers.

BY

</td></tr>
</table>

A. St AULAIRE.

Instruire en amusant.

Baleine franche. | Common whale.

PARIS,

PUBLIÉ PAR AUBERT & Cie PLACE de la BOURSE, 29.

Imp. Lemercier 57, r. de Seine Paris

En février je m'embarquai en qualité de lieutenant à bord de l'Aventure en armement au Hâvre pour la pêche de la baleine.

In the month of february j was engaged as lieutenant on board the Adventure fitted out in Havre for the whale fishery.

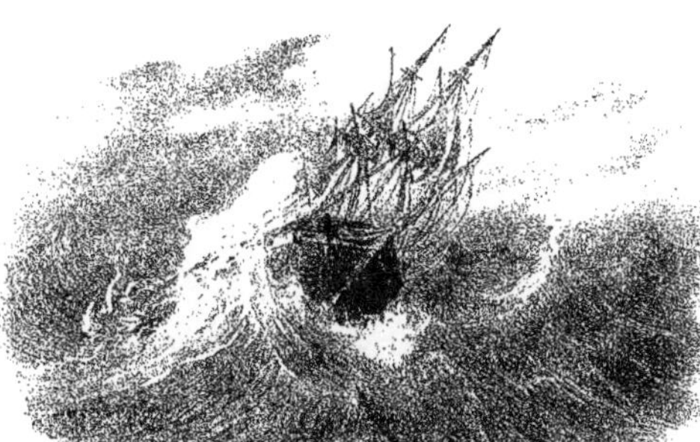

Nous mîmes en mer le 20 février.　　　　We stood out to sea on the 20.th of february.

Le 24 nous fûmes assaillis par un violent coup de vent.

On the 24th we met with violent squalls of wind.

Le 13 mars nous eûmes connaissance du pic de Ténériffe.

On the 13th the peak of Tenerife came in sight.

Le 19 nous trouvâmes des brigantins canariens faisant la pêche au large du cap Blanc.

On the 19th we saw canarians brigantines fishing off cape Blanco.

La partie haute de Gorée offre un coup d'œil pittoresque. Cet îlot volcanique par 14° 40' lat. N. et 19° 45' de long. O. découvert par les Portugais dans le 15ᵉ siècle, pris et repris par les Hollandais, les Anglais et les Français appartient définitivement à la France, c'est un lieu de relâche fortifié et l'entrepôt du commerce français sur la côte de Sénégambie.

The high part of Goree yields a picturesque prospect. That small volcanic island by 14° 40' N. lat. and 19° 45' W. long. discovered by the Portuguese in the 15ᵗʰ century, occupied, taken and retaken by the Dutch, the English and the French, definitively belongs to France; it is a fortified road and the staple of the French trade on the coast of Senegambia.

La partie basse est bordée de rochers. Dans une petite anse au N. O. se trouve le débarcadère. La ville de Gorée couvre plus des deux tiers de l'île. Les maisons sont en basalte et terrassées à l'italienne. La population, en grande partie composée de mulâtres et de nègres, est d'environ 4.000 âmes. L'île est stérile; elle manque d'eau de vie, n'a que deux petites sources d'eau saumâtre, mais l'air, rafraîchi presque toute l'année par des brises de mer, est salubre. La rade est belle et spacieuse.

The sea port is surrounded by rocks. In a small bay to the N. W. is found the landing place. The town of Goree extends on more than the two thirds of the isle. The houses are built out of basalte, with flat roofs after the italian mode. The population, for the most part mulattoes and negroes, amounts to about 4.000 souls. The island is barren; fresh water is wanting; there are but two small springs of brackish water; but the air, almost all the year long refreshed by sea breezes, is wholesome. The road is fine and extensive.

Les marabouts ou prêtres nègres mahométans sont vénérés et obéis avec empressement par toute la population nègre.

The marabouts or black mahometan priests are venerated and eagerly obeyed by the black people.

Les signarres ou mulâtresses de Gorée sont, en général, plus intelligentes, plus vives et plus rusées que les hommes de leur race.

The signarres or mulatro women of Goree are, in general, more intelligent, sprightly and cunning than the men of their race.

PARIS, publié par AUBERT & Cⁱᵉ, Place de la Bourse, 29.

Le 29 avril nous jetâmes l'ancre devant la ville du Cap où nous devions attendre le moment favorable pour commencer la pêche.

On the 29th of april we came to an anchor in Cape road where we intended to watch for the proper time to begin our fishery.

Le Cap de Bonne Espérance, ancienne colonie hollandaise, a été définitivement cédé à l'Angleterre en 1815. Depuis cette époque cet établissement a constamment gagné. Il s'étend au nord jusque sous le 29° de lat. S. Son territoire peut être évalué à 2,780. lieues carrées. Sa population s'élève à plus de 140,000 âmes. Les productions principales consistent en vin renommé, blé, fruits et bestiaux. La ville du Cap, par sa position entre l'Europe et les Indes Orientales, jouit d'une grande importance sous le rapport militaire et commercial. Elle a 19,000 habitants.

The Cape of Good Hope, formerly a dutch colony, has been yielded up to England in 1815. Since that time its improvement has been great and constant. It extends northerly as far as 29° S. lat. Its superficies is reckoned to be about 2,780 square leagues. Its population is upward of 140,000 souls. The principal products are renowned wine, wheat, fruits and cattle. Cape-town, by its situation between Europa and the East-Indies, is a very important military and trading place. The number of its inhabitants amounts to 19,000.

Les maisons blanches et si propres qu'on les croirait toutes neuves ont un vaste perron: les toits sont plats, en terrasse.

The house white and so clean that one would believe them newly built, are fitted up with broad steps before the door, and with flat roofs.

Les Hottentots étaient les possesseurs de cette contrée lorsque le Portugais B. Diaz en fit la découverte en 1486.

The Hottentots were the inhabitants and owners of that country when the Portuguese B. Diaz made the discovery of it in 1486.

Les Griquois, tribu hottentote, sont à peu près civilisés et convertis au christianisme par les missionnaires.

The Griquas, an hottentot tribe, are nearly civilized and converted to the christian faith by the missionaries.

L'oryctérope se trouve au Cap de Bonne Espérance. Cet animal se nourrit de fourmis.

The orycterope, an ant-eater, is found in those southern countries.

Imp. Lemercier, 57 r de Seine Paris

PARIS, publié par AUBERT & Cie Place de la Bourse, 29.

Nous reprimes la mer le 22 mai, cinglant vers le nord et visitant toutes les baies de la côte occidentale d'Afrique pour y chercher les baleines qui, dans cette saison de l'année, arrivant aussi dans ces parages par le sud, viennent mettre bas sur les vastes plages de sable de ces côtes nues et arides.

We stood out again to sea on the 22d of mai, sailing to the northward and visiting every bay of the western coast of Africa in search of whales wich, at that season of the year, come also from the south, seeking for a place to whelp on the sandbanks of those naked and barren coasts.

Baleine, au vent à nous! Houra! Houra! à vos pirogues, enfans!

Whale, windward of us! Hurra! Hurra! to your pirogues, my bullies.

La baleine nageant doucement, tantôt élevant sa tête monstrueuse au-dessus des eaux, tantôt balançant en l'air sa large queue, ne paraissait pas se douter du danger qui la menaçait.

The whale slowly swimming, sometimes raising its monstrous head above the waters, sometimes shaking its large tail in the air, seemed not to be aware of its danger.

Pique!

Now then! heave!

PARIS, publié par AUBERT & Cⁱᵉ Place de la Bourse, 29

Le harpon, lancé avec force, est profondément entré dans les chairs. La baleine plonge, fuit, entraînant la pirogue qui tient à elle désormais par la ligne fixée au fer du harpon. Selon les mouvemens du cétacé, on filera de la ligne pour s'en éloigner ou l'on se halera dessus pour se rapprocher de lui, et l'on profitera de toutes les occasions favorables pour le frapper avec la lance ou la pelle tranchante.

The harpoon, mightily darted, forced in the flesh a great way: the whale dives, takes to flight, dragging along the pirogue which henceforth holds to it by the line fixed on the harpoon. According to the motions of the cetaceous, the line shall be slackened to keep clear of it or shall be hauled in to draw near to it, and every chance to strike it with the lance or with the cutting shovel will be eagerly taken.

Hardi, garçon! le coup de grâce!   **Cheerly, my son! its...**

Plusieurs fois cruellement frappée, la baleine perd ses forces, les eaux qu'elle parcourt et celles qu'elle lance par ses évents sont teintes de son sang, elle redouble d'efforts pour fuir ou pour se défendre; mais en vain, cet ennemi qui ne la quitte pas, qu'elle traîne elle-même partout, est pour elle invisible. En effet, ses sens obtus ne lui permettent guère de voir ni d'entendre la pirogue légère d'où partent les coups qui lui donnent la mort.

Manytimes grievously strucken, the whale loses its strength, the waters through which it moves and those which it shoots by its breathings are coloured with its blood, it redoubles its efforts to fly or to defend itself: but in vain. That assailant who does not quit it, whom it drags itself along with it, is invisible. Really, its dull senses can hardly enable it to see or to hear the light pirogue whence come the blows by which it is put to death.

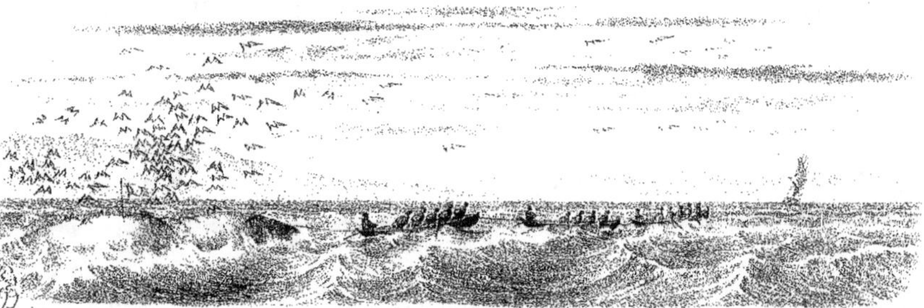

L'agonie a suivi de près le dernier coup de lance habilement dirigé. La baleine se débat avec une telle violence que le bruit de ses convulsions retentit au loin dans la baie. Épuisée, elle se calme enfin: un moment après, elle tourne sur elle-même, son ventre blanchâtre se montre au-dessus des eaux; elle a cessé de vivre... Fiers de notre premier succès, notre capture à la remorque, nous nous empressons de rallier l'Aventure.

The agony came on soon after the last blow smartly darted. The whale struggles with death so desperately that the thundering noise of its convulsions roars all over the bay. Exhausted, at last it lies still: a short time after, it rolls on itself; its whitely bottom comes above the waters; it is dead. — Proud of our first success, towing our capture, we speedily row towards the Adventure.

4.5e Auteurs   Imp. Lemercier 57 r. de Seine Paris

PARIS, publié par AUBERT & Cie, Place de la Bourse, 29.

Notre première baleine est solidement amarée le long du bord : nous procédons au dépècement. Nous enlevons par longues bandes le lard dont tout le corps est enveloppé, en faisant tourner l'animal sur lui-même, (à peu près comme on pèle une pomme) : ce lard coupé en morceaux et jeté dans les chaudières, sera converti en huile, nous en remplirons les barriques que nous avons dans la cale. Lorsque nous aurons enlevé du cétacé tout ce dont on peut tirer parti, la carcasse abandonnée au gré des vents et des flots deviendra la pâture des poissons et des oiseaux.

Our whale is secured alongside of the ship: we proceed on the carving of it. Whe pull off in long bands the bacon of which the whole body is enveloped, by the turning round of the animal; (very near as paring an apple): this bacon cut in pieces and put in the kettle, will turn in oil: we shall fill up with it the casks we have in the hold. When we shall have taken out of the cetaceous every thing that may be made use of, the carcass committed to the winds and waves will fall a prey for fishes and birds.

Voic: les principaux instrumens dont nous nous servons pour la pêche de la baleine | These are the main instruments we use in the whale fishery.

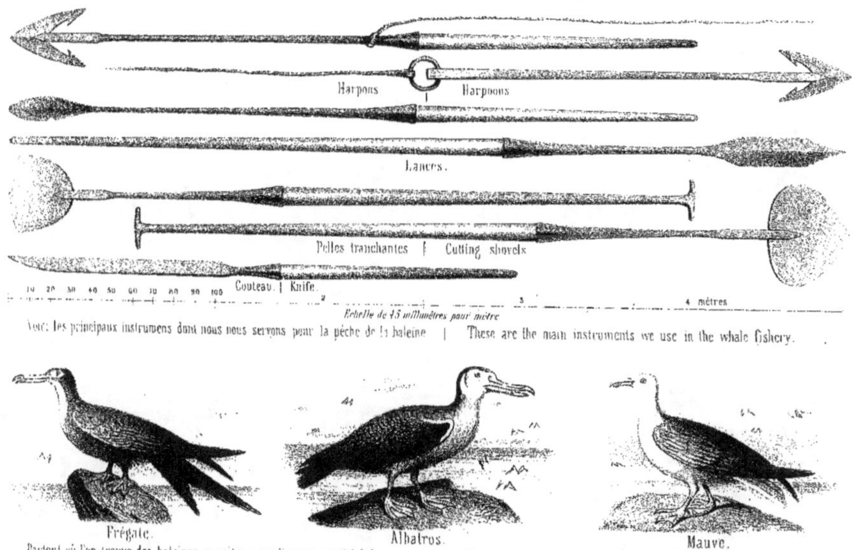

Partout où l'on trouve des baleines, on voit une prodigieuse quantité d'oiseaux ; en voici. Ceux-ci sont les plus remarquables sous le rapport de la taille, de la puissance du vol et de la voracité.

Wherever are whales, a great deal of sea-fowls are to be seen. These are the most remarkable as to size, flying-power and voracity.

PARIS, publié par AUBERT & Cⁱᵉ Place de la Bourse, N° 29.

Imp. Lemercier St. r d Seine Paris

Nous nous livrâmes à la pêche sur la côte occidentale d'Afrique entre le 16° et le 27° de lat. S., pendant les mois de juin, juillet, août et septembre. En octobre les baleines commencent à quitter ces mers. Nous remontâmes alors vers le sud; nous relâchâmes de nouveau au Cap pour y prendre quelque repos et pour faire des vivres. Peu de jours après nous remîmes sous voile, pour continuer la pêche dans les parages de Tristan-d'Acunha.

We stood busy a fishing on the western coast of Africa between 16° and 27° S. lat. during the months of june, july, august and september. In october the whales began to depart those seas. Then we sailed up to the south; we put again in Cape road, to take some rest and lay in provisions. A few days after, sail was remade on the ship, in order to look for whales in the latitude of Tristan-d'Acunha.

Par le 36° 40' lat. S. et le 3° 25' long. O. nous trouvâmes une pirogue égarée. Les marins qui la montaient, acharnés à la poursuite d'une baleine, s'étaient laissé entraîner trop loin de leur navire; le mauvais temps, si fréquent dans ces parages, les mit dans l'impossibilité de le rallier. Sans eau et sans vivres, abandonnés sur cette vaste mer, ils avaient depuis longtemps [illegible] dans le danger de leur sort.

[illegible] Je vous fais encore 27 [illegible] [illegible]. Nous nous vîmes [illegible] la côte occidentale d'Afrique.

By 36° 40' S. lat. and 3° 25' W. long. we met with a strayed pirogue. The seamen on board of her, obstinately pursuing a whale, had been driven too far from their ship, when they could reach no more on account of a tempestuous weather, as it happens so frequently in that latitude that broke upon them. Without water and provisions, forsaken in those dangerous seas, they had long ago given up all hopes, when we got [illegible] back to save them.

[illegible] We must [illegible] 27 [illegible] [illegible]. We [illegible] on searching the eastern coast of Africa.

[illegible caption]

[illegible] struggle with a violent [illegible] of whales, a tempestuous sea

Imp. Lemercier [illegible]

Nous avons pris quelques baleines dans le canal de Mozambique, nous en avons pris aussi dans la mer d'Arabie et dans la mer du Bengale. Nous les poursuivons maintenant dans les mers de la Chine. Nous voici, de relâche, dans la baie de Touranne.

We have got the best of several whales in the Mozambique channel: we have caught some others in the arabian sea, and also, in the Bengal sea. We search for them now in the China sea. Here we are at anchor in Touranë bay.

Touranne est l'un des trois ports de la Cochinchine ouverts aux navires étrangers. La Cochinchine ou empire d'An-Nam se trouve entre 8°45' et 23°1' de lat. N et entre 97°45' et 106°58' de long. E. Sa surface est de 39,400 lieues carrées. On évalue la population de l'empire à 12,000,000 d'âmes. Dans cette vaste contrée intertropicale, la nature est d'une richesse prodigieuse. Les forêts fournissent les bois les plus précieux. Les animaux sauvages y sont d'une force et d'une beauté remarquables.

Touranne is one of the three ports in Cochinchina where foreign vessels are permitted to enter. Cochinchina or the empire of An-Nam lies between 8°45' and 23°1' N lat. and between 97°45' and 106°58' E long. Its superficies is about 39,400 square leagues. The population of the empire is reckoned to be 12,000,000 of souls. In that extensive intertropical country the animal and vegetable nature is amazingly rich. In the vast forests is found the most precious wood. The wild beasts are there remarkably strong and beautiful.

Les mandarins sont les agents de l'autorité. Il y a plusieurs classes de mandarins civils et de mandarins militaires.

The mandarins are the agents of the authority. There are several classes of civil mandarins, and also, of military.

Hommes et femmes, dans les hautes classes, prennent un soin convenable de leurs personnes.

The gentlemen and the ladies take a proper care of their person.

La malpropreté la plus dégoûtante paraît être un des caractères distinctifs des Cochinchinois... On croit que ce peuple est d'origine chinoise

The most loathsome nastiness seems to be one of the distinguishing characters of the Cochinchinese... It is thought that that people derives from the Chinese.

Les éléphants de la Cochinchine sont les plus grands, les plus braves et les plus intelligens de tous. On en voit dont la taille s'élève au-dessus de 4 m. 50.

The elephants in Cochinchina are the biggest, the stoutest and the most intelligent of all. A great many of them are more than 16 english feet high.

En mai nous étions dans la baie de Manille.. Les îles Philippines, dont Manille est la capitale, furent découvertes en 1520 par Magellan qui, le premier, pressentit et trouva le passage aux Indes par le cap Horn. La gloire d'avoir fait, pour la première fois, le tour du monde, échut à un de ses lieutenans, Sébastien Cano, qui revint en Espagne en 1522 par le cap de Bonne Espérance.—Les Philippines s'étendent du 7° au 19° deg. de lat. N. et du 116° au 125° deg. de long. E. Il n'y a rien de comparable à ces îles pour le climat, la beauté du pays et la fertilité du sol. On estime à 2,000,000 d'âmes les populations soumises aux Espagnols et à près de 700,000 âmes les peuplades indépendantes.

In the course of may we were in Manila bay. — The Philipine isles, of which Manila is the chief place, were discovered in 1520 by Magellan, who the first, foresaw and found out the way to the East Indies by the cape Horn. The glory of sailing round the world, for the first time, fell to one of his lieutenants, Sebastian Cano, who returned to spain in 1522 by the cape of Good Hope. — The Philipine isles lie between 7° and 19° N. lat. and between 116° and 125° E. long. Nothing is to be compared to those islands for the climate, the magnificence of the country and the fertility of the soil. The number of the inhabitants subjected to Spain is reckoned to be about 2,000,000. The independent population is nearly 700,000 souls.

Les monumens publics et les maisons des habitans de race européenne sont, naturellement, dans le goût espagnol.

The publick buildings and the houses of the inhabitants of european race are, of course, in the spanish mode.

Tagals.

Les Tagals, les Ilocus et autres peuplades de race malaise sont les indigènes de ces îles. Ils se sont convertis à la religion des conquérans et exercent, en ouvriers intelligens, toute sorte de métiers.

Ilocus.

The Tagals, the Ilocos and other people of malay race are the natives of those islands. They are converted to the faith of the conquerors and carry on all sort of trades as able workmen.

Sur le bord des cours d'eau, et aussi, dans les lieux bas et humides, les habitations des indigènes sont élevées sur des poteaux. Elles sont en bambous et couvertes en chaume ou en feuilles de palmier.

On the side of small streams, and also, in low and damp places, the habitations of the natives are raised on stakes. They are built out of bamboos and thatched.

PARIS, chez Mme Ve AUBERT à Cie Place de la Bourse, Nº 29.

Dans les mers de la Chine nous eûmes, un jour, l'occasion de voir en même tems 9 trombes.

In the China sea we have got an occasion to see, at the same time, 9 water-spouts.

La trombe a pour cause l'électricité. Le nuage dans lequel elle se forme descend en s'allongeant en pointe, la mer bouillonne sous cette langue qui s'avance vers elle, aussitôt qu'elle la touche, l'eau s'élève avec impétuosité, en sifflant et tournant en spirale, et remplit tout le nuage. Lorsque le phénomène cesse, cette eau salée retombe en forte pluie, d'eau douce.

A water-spout is an effect of electricity. The cloud in which it is formed comes down lengthening itself in a point, the sea bubbles up under it; as soon as they meet, the water impetuously rushes up, whistling and turning round in a spiral, and fills up the whole cloud. When the phenomenon ceases, that salt water falls down in a heavy rain, of sweet water.

Une baleine que nous allions frapper fit un mouvement si brusque qu'il me fut impossible de l'éviter. Pirogue, hommes et tout furent lancés dans les airs. Une de nos pirogues qui, heureusement, se trouvait à portée, nous recueillit.

A whale that we were about to hit moved so abruptly that it became impossible to me to keep clear of it. Pirogue, men and all were launched in the air. Another pirogue of ours which, fortunately, was not far off received us.

Champan.

Jonque.

Péniche.

En parcourant les mers de la Chine, nous vîmes plusieurs espèces de vaisseaux chinois.

In the course of our sailing through the China sea we met with different kinds of chinese vessels.

Mouillés près de quelques îlots dépendant des Moluques, nous faisions fondre le gras d'une baleine, lorsque nous fûmes attaqués par un piahiap. Les pirates s'étaient trompés dans leurs calculs: ils s'empressèrent de nous laisser à nos affaires.

Les Moluques se trouvent entre le 3° deg. de lat. N. et le 10° de lat. S. et entre les 117° et 130° deg. de long. E. Les Hollandais sont les maîtres dans ces riches contrées à épices: les souverains de ces îles sont presque tous leurs vassaux. Les Moluques abondent en girofle, poivre, gingembre, canelle, muscade et en fruits délicieux. On y trouve des mines d'or, d'argent et de cuivre.

Anchored at a short distance from small islands belonging to the Moluccas, we were busy a melting the bacon of a whale, when a piahiap fell upon us. The pirates were grossly mistaken: they very quick left us to our business.

The Moluccas lie between 3° N. lat. and 10° S. lat. and between 117° and 130° E. long. The Dutch reign in those rich countries for spices: almost every king in those islands is a vassal of them. The Moluccas abound in cloves, pepper, ginger, cinnamon, nutmeg and in delicious fruits. There is found gold, silver and copper.

Les habitations dans les Moluques sont, en général, construites de manière à ne pas souffrir des tremblemens de terre.

The habitations in the Moluccas are, in general, built in such a manner as to stand against earthquakes.

Les babiroussas et les oiseaux de paradis sont particuliers à cette contrée à épices.

The habiroussas and the paradise-birds are indigenous in that spice-country.

PARIS, publié par AUBERT & Cie Place de la Bourse, Nº 29.

Au mois d'octobre, nous étions aux îles Hawaï ou Sandwich. Ce groupe s'étend du 19° deg. au 23° de lat. N. et du 157° au 159° de long. O. C'est l'un des plus considérables de l'Océanie et le plus important sous le rapport commercial. De toutes les peuplades sauvages, celle qui habite cet archipel est la plus avancée dans les voies de la civilisation. Elle a aujourd'hui un gouvernement représentatif et des institutions calquées sur celles des peuples d'Europe.

Ce fut sur l'île Hawaï, la plus grande du groupe, que périt si malheureusement dans un combat contre les naturels, le célèbre capitaine Cook.

In the month of october we were in the Hawaï or Sandwich isles, which lie between 19° and 23° N. lat. and between 157° and 159° O. long. That group of isles is one of the most considerable in that part of the Pacific Ocean, and as for trade, it is the most important. The inhabitants of that archipelago are more advanced in the ways of civilisation than any other savage people. They have, nowadays, a representative government and institutions after those of the peoples of Europe.

It was in the Hawaï isle, the largest of the group, that the most celebrated captain Cook was unfortunately killed in a fight with the natives.

Les îles Hawaï ont pour population une belle tribu de la race polynésienne; hommes et femmes sont grands, bien faits et intelligents.

The population in the Sandwich isles is a handsome tribe of the polynesian race; men and women are tall, comely and intelligent.

On voit maintenant, à côté des cases primitives des indigènes, des forts, des édifices publics et des maisons dans le genre des constructions européennes.

Forts, publick buildings and houses in the european mode may be seen, at present, near the primitive huts of the natives.

Les morais, lieux d'adoration et de sépultures, sont abandonnés. Les insulaires se sont convertis à la foi chrétienne.

The morais, places of warship and of burial, are deserted. The islanders are converted to the christian faith.

Les mascarades n'étaient point inconnues de ces peuples.

The masquerades were not unknown to that people.

A 60 lieues à l'ouest de Nouka-Hiva nous aperçûmes un radeau sur lequel de malheureux naufragés gisaient entre la vie et la mort.

In the latitude of Nouka-Hiva, 60 leagues off, westwardly, we descryed a raft on which a number of unlucky wrecked stood hopeless betwixt life and death.

Nous recueillîmes ces pauvres gens. Le lendemain nous avions le bonheur de les débarquer sur une terre française; nous étions aux îles Marquises.

Les Marquises, ainsi nommées en l'honneur de la marquise de Mendoce, vice-reine du Pérou, furent découvertes, en 1595, par l'Espagnol Mindana. Elles sont comprises entre le 8° et le 10° deg. de lat. S. et entre le 140° et le 142° de long. O. Ces îles, dont la riante et belle Nouka-Hiva est la plus importante, sont d'origine volcanique, montueuses; mais couvertes d'une admirable verdure: le sol est d'une fertilité prodigieuse. On estime leur population à près de 25,000 âmes. En 1842, l'amiral Dupetit-Thouars en a pris possession pour la France.

We took on board those poor fellows. The next day we had the good luck to set them ashore on a french land: the Marquesas.

The Marquesas, so named by reverence to the marchioness of Mendoce, the wife of the viceroy of Peru, were discovered, in 1595, by the Spaniard Mindana. They lie between 8° and 10° S. lat. and between 140° and 142° O. long. Those volcanic islands, of which the beautiful and pleasant Nouka-Hiva is the most important, are mountainous, but adorned with an admirable greeness. the soil is of a prodigious fertility. The population is reckoned to be nearly 25,000 souls. In 1842, the french admiral Dupetit-Thouars took possession of that group of isles.

C'est aux îles Marquises que l'on trouve en hommes et en femmes, les plus beaux types de la race polynésienne. Les chefs et les guerriers ont le corps tellement chargé de tatouages qu'on les croirait couverts d'une armure richement damasquinée.

It is in the Marquesas that are found, both as for men and women, the handsomest types of the polynesian race. The chiefs and warriors are so completely trimmed with drawings carved all over their skin that one would believe them set in an armour richly damasked.

À S¹ Aubert

Imp Lemercier, rue de Seine 57 Paris.

PARIS, publié par AUBERT & Cⁱᵉ Place de la Bourse Nº 29.

Aux îles Marquises les cases des naturels sont élevées sur un massif en pierre. La charpente est en bambous, le toit en feuilles de palmier. Elles sont divisées en plusieurs pièces par des nattes épaisses tendues en guise de cloisons.

In the Marquesas the habitations of the natives are raised on a masonry-work. The timber-work is made out of bamboos; the roof is thatched over with palm-leaves. They are divided into several rooms by means of thick mats hung up like a partition-wall.

Les morais sont en grand nombre. De même qu'aux îles Hawaï, on y sacrifiait souvent des victimes humaines, particulièrement lorsque ce peuple antropophage demandait à ses dieux de lui accorder la victoire sur ses ennemis; la victoire était ordinairement célébrée par d'horribles festins.

The morais are numerous. In these, as well as in the Hawaï iles, human victims were often sacrificed; particularly when these anthropophagi implored from their gods the victory over their enemies; the victory was commonly celebrated by horrid feasts.

Les doubles pirogues se composent de deux pirogues réunies par une plate-forme.

The double pirogues are made of two pirogues which a platform unites together.

Imp. Lemercier & Cie, r. de Seine, Paris.

PARIS, publié par l'EDIT. & Cie, Place de la Bourse, Nº 31.

Nos barriques se remplissent : encore 3 ou 4 baleines et nous en aurons assez. Les côtes du Chili et celles de la Patagonie nous offrent d'assez belles chances pour que, dès à présent, nous songions au retour. Nous prendrons nos baleines en passant.

Our casks fill : 3 or 4 whales more and it will do. We may rely upon fair chances on the coasts of Chili and of Patagonia : then, from this time forward, we think of home. We will cactch our whales by the way.

Valparaiso où nous venons de jeter l'ancre, est le port le plus fréquenté de la république du Chili, dont le territoire s'étend, au pied de la Cordillère, du 24° au 44° deg. de lat. S. La partie septentrionale de ce pays est brulée, nue, aride ; cependant le sol est très fertile partout où l'irrigation est possible. L'air y est sec et très salubre. La partie méridionale du Chili, bien arrosée et boisée, appartient encore aux aborigènes qui, jusqu'à présent, sont parvenus à conserver leur indépendance.

Valparaiso where we are now anchored, is the port the most resorted to of the republick of Chili, whereof the territory lies, at the fool of the Cordillera, from 24° to 44° S.lat. The northern part of that country is parched, naked, barren; however the soil is very fertile wherever the irrigation is possible. The air is dry and wholesome. The southern part of Chili, well watered and woody, belong yet to the aborigines who, until now, have succeeded in preserving their independence.

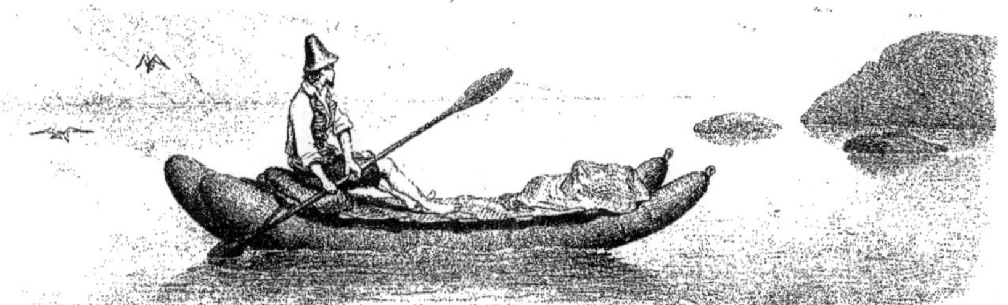

Le balsa est un radeau insubmersible dont on se sert beaucoup, au Chili, sur les rivières et en mer le long des côtes. Il est fait de peaux de lion marin gonflées d'air.

The balsa is a very buoyant raft much used, in Chili, on the rivers and at sea along the coast. It is made out of sea-lion skins filled with wind.

L'alpaca se trouve avec le lama et la vigogne sur les chaines élevées de la Cordillère. C'est là aussi, ou bien sur les rochers au bord de la mer, que l'on voit le condor, l'oiseau le plus grand.

The alpaca is found with the llama and the vigon on the high ridges of the Cordillera. There also, or on rocks by the seacoast, is seen the contur, the largest bird.

J. St. Sulaire — Imp. Lemercier, 57, r. de Seine, Paris.

PARIS, publié par AUBERT & Cⁱᵉ Place de la Bourse, 29.